Conoce a José Martí

Antonio Orlando Rodríguez

Ilustraciones de Pablo De Bella

ALFAGUARA

Tiene el leopardo un abrigo
En su monte seco y pardo:
Yo tengo más que el leopardo,
Porque tengo un buen amig

A los niños que lean este libro, para
que se sumen a los amigos de
El Hombre de *La Edad de Oro*.

José Martí

Todas las mañanas, Pepe Martí sale de su casa, y camina y camina hasta la escuela. Antes de salir, reparte un montón de besos. Cinco son para sus hermanas y se los da por orden de tamaño. El primero es para Antonia, la más chiquita; luego vienen el de Rita; el de María del Carmen, a quien cariñosamente llaman "La Valenciana", y el de Mariana. El quinto es para Leonor, "La Chata", la mayor y su favorita.

Hay un sexto beso y ese es para doña Leonor, su mamá. Don Mariano, el padre, se levanta de primero, antes de que canten los gallos, y se va a trabajar cuando sus hijos están aún en la cama. Él no suele dar besos. Pepe le dice a La Chata que no es que su papá sea malo, solo que es muy "seco" y le cuesta trabajo demostrar el cariño que les tiene.

Pepe tiene por delante una buena caminata
y sabe que, si se distrae, se le puede hacer tarde.
¡Menudo lío, porque a esa hora de la mañana
en La Habana hay muchas cosas interesantes que
valdría la pena detenerse a mirar con atención!
El lechero que ordeña su vaca delante de las casas
y les vende a las señoras jarros de leche tibia y
espumosa. El tablero enorme, repleto de dulces
de maní, de coco y de merengue, que una mujer
pregona en la esquina. El carretón ruidoso, tirado
por una mula, donde el yerbero lleva su mercancía:
yerbas para la cocina y para la salud, que dejan
a su paso un rastro de aromas... menta, toronjil,
albahaca, cebollino, manzanilla, tilo...

Hay una parada que sí hace Pepe todos los días y es frente a una casa de la calle Industria. Allí vive Fermín, un compañero de clase que se ha convertido en su mejor amigo. Cuando llega, Pepe silba y enseguida Fermín se reúne con él. Y echan a andar juntos hacia el colegio San Anacleto.

Si alguien mira con atención los zapatos y las camisas de los dos niños, adivina enseguida que en el hogar de uno de ellos no falta el dinero y que en el del otro, en cambio, se cuenta cada moneda. Mientras la ropa de Fermín es nueva, la de Pepe tiene un zurcidito por aquí y otro por allá; pero, eso sí, siempre va muy limpio, porque, como repite a menudo doña Leonor, en su casa son "pobres, pero aseados".

¿Y de qué conversan por el camino los dos amigos?
Pues de mil cosas. Pepe le cuenta a Fermín de los meses
que estuvo con su papá, ayudándolo a escribir informes
y a sacar cuentas, en una finca cerca del río Hanábana,
en la provincia de Matanzas. Allá tuvo un caballito, en
el que montaba todas las tardes, y él mismo era quien
le daba de comer. Fermín, por su parte, habla de su
gran sueño, que es convertirse en un gran médico
y aprender a curar muchas enfermedades.

Don Sixto, el director del colegio, está en la puerta de entrada, dándoles la bienvenida a los estudiantes. A Pepe y Fermín los recibe con la gran sonrisa que guarda para los más aplicados, y les dedica un saludo especial: "Buenos días, señor José Martí", "Buenos días, señor Fermín Valdés Domínguez". Su colegio es uno de los más famosos de La Habana. No porque sea grande y lujoso, sino porque en este, a diferencia de otros, se enseña a los niños inglés y francés y se les habla sobre los nuevos descubrimientos de la ciencia.

Hasta un telescopio tiene don Sixto en el colegio San Anacleto. Algunas noches, invita a los mejores estudiantes para hablarles de astronomía y los deja mirar a su gusto las estrellas y los planetas, que se ven muy cerca, como si estuvieran al alcance de la mano. Como Pepe y Fermín siempre están entre los mejores, han podido ver con el telescopio la Luna, Venus, Marte, Júpiter, Saturno...

16

Don Sixto les ha enseñado que, dirigiendo el telescopio
hacia el norte, pueden ver las constelaciones de la Osa Menor
y de la Osa Mayor. Pero si lo enfocan hacia el sur, se ven otras
constelaciones, como la de Orión, el cazador. Pepe se ríe porque,
por más que Fermín se esfuerza, no ve osas ni cazadores con
arcos por ninguna parte. Él tampoco: solo ve estrellas lejanas,
que titilan en la inmensidad de la noche.

—Hoy haremos una competencia de escritura
—anuncia don Sixto—. Quien escriba la mejor redacción,
con la letra más bonita y buena ortografía, se ganará
la medalla de oro.

Pepe mira a Fermín y Fermín le devuelve la mirada.
Es como si se estuvieran diciendo: "¿Listo? ¡Pues que
gane el que lo haga mejor!". Ellos dos siempre están
compitiendo: en Aritmética, en Botánica, en Geografía,
en Francés… Unas veces el vencedor es Pepe; otras, gana
Fermín. A los demás niños les cuesta comprender que,
a pesar de eso, sean tan amigos.

19

Los estudiantes cuchichean, emocionados. Saben que la medalla no será de oro de verdad, pero igual les gustaría llevarse el premio a casa. Pero también saben que, para recibirla, tendrían que hacer una composición mejor que la de Pepe y que la de Fermín. ¡Y eso rara vez sucede! Lo más probable es que la medalla sea para uno de ellos.

—¡Qué mal me caen esos dos sabihondos! —murmura
Pancho, el grandulón de la clase, que nunca hace las
tareas y tiene una letra tan enredada que ni él mismo la
entiende. Cada vez que don Sixto le aconseja que estudie
para convertirse en un hombre de bien, Pancho se burla
a sus espaldas y comenta que él no necesita estudios porque
su padre tiene mucho dinero.

Don Sixto dice el tema de la redacción: "Cuba, la isla donde he nacido". Sobre los pupitres hay cuadernos, plumas y tinteros. ¡A escribir se ha dicho! Los niños guardan silencio, concentrados en la tarea: solo se escucha el *ris ras* de las plumas al deslizarse sobre el papel.

Pepe escribe y, de vez en cuando, mira de reojo a Fermín, que se sienta a su lado. ¡Su letra es magnífica! Su amigo le dice que su letra es igual de buena, pero Pepe está convencido de que no es así.

De pronto, Pancho levanta la mano y le pide
permiso al maestro para ir al baño. Cuando pasa
por el lado de Fermín, le da un codazo. El tintero
de Fermín se derrama sobre su cuaderno.

—Discúlpame, fue sin querer —miente Pancho—.
Siento mucho que ya no puedas ganarte la medalla.

Fermín mira su redacción, manchada de tinta,
y cierra los puños, muy enojado. Sabe que Pancho
lo empujó a propósito, pero no tiene manera de
demostrarlo. Pepe también está muy molesto.

—Bueno, la medalla será para ti —dice Fermín,
desinflado.

Entonces, por toda respuesta, Pepe Martí toma su
tintero y lo derrama sobre las frases que ha escrito,
con letra clara y derecha, con muy buena ortografía,
en su cuaderno.

—¿Qué haces? ¿Te has
vuelto loco? —murmura
su amigo.

—Una medalla de oro
que no se gana en buena
lid no vale la pena —le
responde Pepe con una
sonrisa.

24

Ese día, el premio a la mejor redacción lo recibe Patricio, el hijo del farmacéutico. Todos lo aplauden cuando el maestro le pone la medalla en la camisa. Y los que más aplauden son Pepe y Fermín.

25

A la salida de la clase, mientras caminan hacia sus casas, a Pepe se le ocurre una idea y se la comenta a Fermín.

—Tú tienes a tu hermano Eusebio, pero yo solo tengo hermanas. Siempre he querido tener un hermano.

—Si quieres, desde hoy yo puedo ser tu hermano —dice Fermín sin pensarlo dos veces.

—¿En las buenas y en las malas? —pregunta Pepe, entusiasmado con la idea.

—¡Para toda la vida! —asegura Fermín.

Y para sellar el pacto, se dan un apretón de manos y un abrazo.

Cuando Pepe Martí entra a su casa, doña Leonor se apresura a servirle el almuerzo. Y como ve un brillo especial en sus ojos, le pregunta:

—¿Tuviste un buen día, hijo?

—El mejor de los mejores, madre. ¡Si yo le contara!

Antonio nos habla de Martí

José Julián Martí y Pérez nació en La Habana, Cuba, el 28 de enero de 1853, de padres españoles. En esa época, Cuba era una colonia de España.

Martí creció en un hogar humilde, junto a varias hermanas. A los siete años comenzó a asistir al colegio San Anacleto, dirigido por el educador Rafael Sixto Casado, donde conoció a su gran amigo Fermín Valdés Domínguez. Luego estudió en la Escuela de Instrucción Primaria Superior de Varones, dirigida por el poeta y maestro Rafael María de Mendive.

En octubre de 1868, comienza la primera guerra de independencia en Cuba. En enero de 1869, Martí y Valdés Domínguez editan el único número del periódico *La Patria Libre*. En él, Martí publica el poema dramático *Abdala*, en el que expresa sus sentimientos a favor de la independencia de Cuba.

A los 17 años de edad, Martí es considerado "enemigo declarado de España" y condenado por un tribunal a seis años de presidio y de trabajo forzado. En 1871 es deportado a España, donde continúa defendiendo el derecho de Cuba a ser independiente. En la Universidad de Salamanca obtiene los títulos de Licenciado en Derecho Civil y Canónico y de Licenciado en Filosofía y Letras. En 1875, viaja a México y luego a Guatemala, donde prosigue su labor a favor de la libertad de su país.

Después de diez años de batallas, fracasa la primera gesta de Cuba por la independencia. Martí regresa a La Habana, y de nuevo es encarcelado y deportado, pero consigue huir a Francia. Desde allí viaja a Estados Unidos, donde se dedica de lleno al objetivo de unir a los cubanos para librar una nueva campaña por su independencia. En esta misma época, publica libros de poesía, como *Ismaelillo* y *Versos sencillos*, y la revista para niños *La Edad de Oro*. Además, funda el Partido Revolucionario Cubano.

En febrero de 1895 se inicia otra guerra para que Cuba deje de ser una colonia española. Martí decide sumarse al Ejército Libertador y muere en combate en Dos Ríos, Cuba, el 19 de mayo de 1895.

José Martí fue un gran escritor y patriota que entregó su vida por la libertad de su patria y que soñó con la hermandad de los pueblos de América Latina.

Glosario

aritmética: Parte de las matemáticas que estudia los números y las operaciones que se hacen con ellos. Cuando se refiere a la asignatura escolar se escribe con mayúscula inicial.

aseado: Limpio y cuidado.

botánica: Ciencia que estudia los organismos vegetales. Cuando se refiere a la asignatura escolar se escribe con mayúscula inicial.

codazo: Golpe dado con el codo.

colonia: Territorio que funciona bajo el dominio de una nación extranjera más poderosa.

condenar: Dar un castigo a alguien que se considera culpable de algo.

cuchichear: Hablar en voz baja o al oído.

deportar: Expulsar a una persona de un país y enviarla a otro.

desinflado: Desilusionado; desanimado.

editar: Publicar un libro o una revista.

en buena lid: Por buenos medios; de forma justa.

grandulón: Muchacho muy crecido para su edad.

humilde: Sencillo; modesto.

jarro: Recipiente con una sola asa que se usa para contener un líquido.

mula: Animal de carga parecido al caballo, pero más pequeño.

pluma: Instrumento de escritura que usa tinta líquida.

pregonar: Anunciar algo en alta voz.

presidio: Prisión; cárcel.

sabihondo: Que cree saber más de lo que realmente sabe.

silbar: Producir sonidos al hacer salir el aire por la boca con los labios en forma de o.

tintero: Recipiente que contiene la tinta de escribir.

titilar: Brillar con un ligero temblor.

trabajo forzado: Trabajo físico que debe realizar un prisionero como parte de la condena que se le da.

zurcidito: Zurcido. Forma de coser un roto en una tela para que no se note.

PRISA EDICIONES

© De esta edición:
2015, Santillana USA Publishing Company, Inc.
2023 NW 84th Avenue
Doral, FL 33122, USA
www.santillanausa.com

© Del texto: 2015, Antonio Orlando Rodríguez

Editora: Isabel C. Mendoza
Cuidado de la edición: Ana I. Antón
Dirección de Arte: Jacqueline Rivera
Montaje: Grafi(k)a, LLC
Ilustraciones: Pablo De Bella
Foto del autor: Chely Lima

Alfaguara es un sello editorial del **Grupo Santillana**. Estas son sus sedes:

ARGENTINA, BOLIVIA, BRASIL, CHILE, COLOMBIA, COSTA RICA, ECUADOR,
EL SALVADOR, ESPAÑA, ESTADOS UNIDOS, GUATEMALA, MÉXICO, PANAMÁ,
PARAGUAY, PERÚ, PORTUGAL, PUERTO RICO, REPÚBLICA DOMINICANA,
URUGUAY Y VENEZUELA.

Conoce a José Martí
ISBN: 978-1-63113-050-2

Published in the United States of America
Printed in USA by Bellak Color Corp.

20 19 18 17 16 15   1 2 3 4 5 6 7 8 9 10